Religion

SAINT-SIMONIENNE.

Église de Castelnaudary.

Enseignement populaire.

L'Age d'or, qu'une aveugle tradition a
placé jusqu'ici dans le passé, est
devant nous.

CASTELNAUDARY,

DE L'IMPRIMERIE DE LOUIS CROC, LIBRAIRE.

Juin 1832.

RELIGION

SAINT-SIMONIENNE.

Eglise de Castelnaudary.

ENSEIGNEMENT POPULAIRE.

CASTELNAUDARY,

De l'Imprimerie de Louis Groc.

Juin 1832.

Imprimé à 1000 Exemplaires.

RELIGION
SAINT-SIMONIENNE.

EGLISE DE CASTELNAUDARY.

A tous, sans exception, Education dans leur jeunesse, Etat ou fonction dans leur virilité, et Retraite dans leur vieillesse.

PREMIER ENTRETIEN.

FRANÇOIS.

Parbleu, nous vous trouvons fort à propos, maître Jacques, vous êtes, de tout le village, l'homme le plus capable de nous éclairer sur cette question.

MAITRE JACQUES.

De quoi s'agit-il, mes amis?

FRANÇOIS.

Notre Curé a dit en chaire, et chacun de nous l'a bien entendu, qu'on voulait établir une religion nouvelle; que son fondateur, appelé Simon ou Saint-Simon, était un fou, un extravagant; que ses disciples étaient des ambitieux qui *vivaient dans la crapule* et illuminaient les autres pour avoir leur fortune. Il nous a dit ensuite qu'ils voulaient la communauté des biens, et puis, le croiriez-vous, maître Jacques, la communauté des femmes. Oh! pour le coup vous conviendrez que c'est trop fort. Dam! c'est que nous sommes délicats sur ce chapitre-là.

MAITRE JACQUES

(Riant).

FRANÇOIS.

Vous pensez bien, maître Jacques, qu'une telle religion est ridicule, aussi M. le Curé nous a-t-il déclaré franchement, et je suis de son avis, que cette religion ne pourrait faire de grands progrès parce qu'elle était basée sur des principes tout-à-fait vicieux.

MAÎTRE JACQUES

(Riant plus fort).

FRANÇOIS.

Qu'avez-vous donc, maître Jacques? Que signifie cette manière de rire aux éclats; sans doute nous ne savons pas tout ce que vous savez, nous n'avons pas appris pendant dix ans notre latin, ni assisté aux séances du conseil municipal de notre village; mais nous avons du bon sens et nous ne souffrirons jamais.....

MAÎTRE JACQUES.

Eh, mon ami, laisse-moi rire tout à mon aise, je te répondrai ensuite.

FRANÇOIS.

Dans ce cas là, nous allons faire chorus avec vous.

MAÎTRE JACQUES.

Je vois, mes amis, qu'on vous a induits en erreur; on a abusé de votre ignorance pour vous faire croire des choses tellement absurdes, qu'en vérité... je crois que je vais recommencer à rire de plus belle. Ah çà, mes enfans, écoutez: je sais de quoi il s'agit, des entretiens fréquens que j'ai eus avec un de mes amis Saint-Simonien et que vous connaissez tous, M. B..., m'ont mis à même de pouvoir vous donner quelques idées sur la religion Saint-Simonienne.

FRANÇOIS.

Comment, M. B... est Saint-Simonien, un partisan de cette nouvelle religion.

MAÎTRE JACQUES.

Oui, mon ami, cela t'étonne.

FRANÇOIS.

Mais c'est un si brave homme.

MAÎTRE JACQUES.

Raison de plus.

FRANÇOIS.

M. B. est riche et surtout généreux, il fait le plus grand bien à toute la commune. Celui-là n'est pas comme tant d'autres, il n'est pas fier avec nous, il nous parle toujours d'industrie, d'association, d'amélioration du sort de la classe la plus pauvre, et d'une infinité d'autres choses auxquelles, à vous dire vrai, je ne comprends presque rien. Je m'en veux d'avoir été si bête, d'avoir si facilement prêté l'oreille à toutes les sornettes de M. le Curé. Figurez-vous, maître Jacques, que c'était au point que je croyais que les Saint-Simoniens étaient d'une espèce différente de la nôtre. Ah s'ils sont tous comme M. B..., pourquoi n'aimerais-je pas des hommes qui cherchent à nous rendre plus heureux.

MAÎTRE JACQUES.

Voilà, mes enfans, comme l'on abuse de votre crédulité. On vous dépeint les disciples de Saint-Simon comme des cupides, des perturbateurs, et vous le croyez. Oh ! mes amis, si vous saviez tout le bien qu'ils veulent vous faire, vous ne prononceriez leurs noms qu'avec amour et reconnaissance : vous baiseriez les mains de ces hommes qui s'exposent aux injures, aux persécutions, pour épargner vos sueurs, vous procurer une existence plus douce, plus agréable, et donner à vos enfans une bonne éducation.

FRANÇOIS.

Serait-il vrai tout ce que vous dites-là, Maître Jacques?

MAÎTRE JACQUES.

C'est à la lettre, mon enfant.

FRANÇOIS.

Oh comme M. le Curé nous a menti!

MAÎTRE JACQUES.

« Dites qu'il s'est trompé; il est bon votre Pasteur, mais il partage à son insu peut-être tout ce que l'ignorance et la calomnie débitent sur le compte des Saint-Simoniens. S'il connaissait les intentions et les principes qui les dirigent, je ne doute point qu'il n'eût pour eux l'estime la plus profonde. Il est cependant vrai de dire que l'on voit quelques prêtres qui, oubliant les préceptes de l'Evangile que Jésus leur a enseignés, changent souvent leur chaire en tribune publique, et déversent l'injure et le mépris sur ceux qu'ils croient pécheurs, au lieu de leur tendre une main secourable et les ramener dans la bonne voie : écoutez attentivement ce que je vais vous dire. Vous avez presque tous appris de vos pères qu'il y avait autrefois des seigneurs, c'est-à-dire, des hommes privilégiés par leur naissance. Je me rappèle encore avoir vu la maison de votre maire habitée par le seigneur du village. Ces seigneurs avaient des droits que leur conférait la naissance. Par exemple, à l'église, dans toutes les cérémonies publiques, ils avaient la place d'honneur. Leurs serfs ou vassaux leur payaient des re-

devances. Le clergé avait aussi des droits, celui de la
dîme, surtout, qui consistait à percevoir sans frais d'exploitation, la dixième partie des fruits de la terre.

FRANÇOIS.

Oh! je vous jure qu'aujourd'hui je me ferais hacher
à morceaux, plutôt que de supporter de tels priviléges.

MAÎTRE JACQUES.

Tu aurais raison aujourd'hui, mais alors les fidèles
payaient la dîme et autres droits de bon cœur, parce
qu'ils avaient confiance dans leurs pasteurs qui les di-
rigeaient, les consolaient dans leurs peines, et les dé-
fendaient contre l'injustice des princes. De même les
nobles se déclaraient les défenseurs des opprimés, ils
se regardaient comme les patrons de leurs vassaux qu'ils
aimaient; égaux aux yeux de Dieu, ils communiaient
avec eux à la sainte-table. Mais lorsque ces deux institutions féodale et religieuse, loin d'être utiles aux
hommes, devinrent oppressives; lorsque le serf, sentant
sa dignité d'homme, se crut l'égal de son seigneur,
non-seulement au spirituel, mais encore au temporel,
alors on méconnut l'autorité des nobles et des prêtres;
alors on osa porter l'analyse sur chacun de leurs actes.
Des hommes qu'on appèle philosophes et que vous connaissez sans doute, car vous avez entendu parler mainte
fois de Voltaire et de Rousseau, ces hommes qui étaient
les flambeaux de leur siècle, voyant que ces institutions
ne convenaient plus au peuple, leur déclarèrent une
guerre à mort, éclairèrent les hommes sur leurs droits,
les exaltèrent en leur répétant sans cesse qu'ils sont

égaux et libres, que le clergé doit s'occuper du spirituel et non des affaires de ce monde, que la noblesse doit être personnelle et non héréditaire, et ces idées, jetées dans tous les esprits, y germèrent avec force, s'y développèrent avec la rapidité de l'incendie et emmenèrent la fameuse révolution de 89.

FRANÇOIS.

Pardon si je vous interromps ; j'avais toujours entendu dire par notre magister, que la révolution était survenue à cause d'un déficit de plusieurs centaines de mille francs dans le trésor, occasionné par les folles dépenses de la cour.

MAÎTRE JACQUES.

Ces faits que tu cites ne furent que des circonstances bien accessoires ; quoiqu'on en dise, la révolution, c'est-à-dire, un renversement social n'aurait pas eu lieu, s'il n'avait été préalablement senti et désiré par tous. Voici un exemple qui me survient fort à propos pour prouver ce que j'avance. N'est-il pas vrai qu'à la dernière guerre d'Espagne en 1824, guerre que tous les libéraux ont, avec raison, blâmée, chacun disait : la cause de la liberté triomphera ; toute la nation Espagnole se soulèvera ; vous connaissez tous le résultat de cette guerre ; personne ne s'est ému au cri de liberté, et la révolution a échoué parce qu'elle n'était pas encore faite dans les esprits.

FRANÇOIS.

En France il n'en a pas été de même, notre révolution à produit les résultats les plus avantageux ; elle

nous a délivrés de la dîme, des corvées et d'une infinité
d'autres droits qui pesaient sur le peuple.

MAÎTRE JACQUES.

Sans contredit, la révolution française a été belle, glorieuse: elle avait à détruire un ancien ordre de choses
qui s'opposait aux progrès de l'humanité, et certes elle
a accompli sa mission avec courage et persévérance.
Mais il ne faut point se dissimuler qu'elle a été impuissante pour organiser un nouvel ordre social, pour arracher la classe la plus pauvre et la plus nombreuse,
à la misère qui l'accable. Vous sentez fort bien que
l'ancienne exploitation existe encore avec des formes,
il est vrai, moins rudes, et c'est ce qui fait que beaucoup de personnes ne peuvent l'apercevoir. Car si le
peuple ne supporte plus de corvées, de dîme; si le ridicule a fait justice des hauts et petits barons, si l'impôt est également réparti entre tous ceux qui possèdent,
n'est-il pas vrai que les oisifs jouissent, comme par le
passé, des fruits de la terre que vous baignez de vos
sueurs, et vous laissent à peine de quoi subvenir à vos
besoins et à ceux de votre famille; n'est-il pas vrai que
c'est la classe la plus pauvre qui paie presque seule le
plus horrible des impôts, celui du sang, car ses fils
s'exposent à la bouche du canon pour sauver, moyen-
nant une légère somme, la vie des fils des riches. Vous
voyez donc qu'à l'aristocratie des titres a succédé d'une
manière plus déguisée une nouvelle aristocratie, celle
basée sur l'argent.

FRANÇOIS.

Comment, il y a encore des aristocrates? La révolution a donc été impuissante contre eux?

MAITRE JACQUES.

Je sens que j'ai besoin d'entrer dans quelques explications à cet égard. On appèle aristocratie une classe d'hommes jouissant de priviléges, d'avantages qui sont refusés à d'autres. Ainsi sous l'ancien régime, il existait une aristocratie nobiliaire, c'est-à-dire, de ces hommes qui, nobles par le seul fait de la naissance, pouvaient occuper les plus hautes places dans le gouvernement sans s'être rendus dignes de les bien remplir. Ainsi, pour ne vous citer qu'un seul exemple, toi, Pierre, qui as fait toutes les campagnes de l'Empire, et qui as obtenu pour récompense de tes exploits les épaulettes et la croix d'honneur, si tu avais servi sous l'ancien régime, tu ne serais peut-être jamais parvenu au grade d'officier, parce qu'il était l'apanage des prétendus fils de famille. La révolution a fait cesser cet abus criant ; elle a voulu que tous les Français fussent aptes à tous les emplois.

FRANÇOIS.

C'est très-raisonnable ; mais pardon si je vous interromps une seconde fois, je voudrais vous faire une petite observation.

MAITRE JACQUES.

Parle, je t'y engage.

FRANÇOIS.

Vous dites que tous les Français peuvent aujourd'hui prétendre à tous les emplois ; comment se fait-il que pas un seul de nous ait pu s'élever à un poste éminent, et que chacun, de père en fils, soit en quelque sorte destiné à labourer la terre.

MAÎTRE JACQUES.

Tu soulèves ici une question importante et que je ne
pensais pas encore traiter. Mais puisque tu m'y conduis,
je vais te satisfaire. Quand je dis que tous les citoyens
sont aptes à tous les emplois, j'entends par-là qu'il faut
qu'ils aient une fortune suffisante pour acquérir l'instruction nécessaire. Ainsi, aucun de vos enfans ne sera
jamais ingénieur, juge, avocat, médecin, si vous n'êtes
pas assez riche pour le faire étudier dans les diverses
facultés.

FRANÇOIS.

De manière qu'aujourd'hui il faut être riche pour
occuper un emploi, comme autrefois il fallait avoir des
titres ?

MAÎTRE JACQUES.

Sans contredit; cependant il est vrai de dire qu'aujourd'hui il est plus facile de parvenir, parce que la ri-
chesse est plus généralement répartie, et qu'il est plus
aisé de l'acquérir.

FRANÇOIS.

Quoique vous disiez, je trouve que c'est tout de
même une aristocratie.

MAÎTRE JACQUES.

C'est ce que je viens de te dire il y a un instant;
l'une est basée sur les titres et l'autre sur l'argent.

FRANÇOIS.

Sans votre raisonnement, maître Jacques, je n'aurais
jamais pensé que MM. B.... et T.... fussent des aristo-

crates. Que c'est désagréable de n'avoir pas reçu de l'instruction.

MAITRE JACQUES.

Prends garde, mon ami ; ce mot aristocrate que tu prononces avec une sorte de passion, ne veut pas dire malhonnête homme. MM. B.... et T.... sont de braves gens que nous aimons tous, mais ils sont aristocrates en ce sens qu'ils jouissent de plusieurs avantages que vous n'avez pas, et que beaucoup d'entr'eux ne méritent pas la plupart du temps. Ainsi, par exemple, M. R... qui a hérité de la fortune de son père, a-t-il hérité de ses talens et surtout de ses sentimens? Vous répondrez tous non, car vous savez quelle est son ignorance et sa fatuité : monter à cheval, aller à la chasse, dépenser de l'argent en choses superflues, telle est son unique occupation, et cependant ce jeune homme est électeur, parce qu'il paie 200 f. d'imposition, et sera peut-être député l'année prochaine, parce qu'il a l'âge requis et qu'il paie le cens d'éligibilité, tandis que M. M..., savant très-distingué, très-populaire, ne peut point se mettre sur les rangs pour la députation, parce qu'il n'a pas un pouce de terre au soleil.

FRANÇOIS.

Oh ! maintenant je comprends bien ce que c'est que l'aristocratie, et vous aussi, maître Jacques, vous êtes un aristocrate, parce que, grâce à votre argent, vous êtes électeur, juré, conseiller municipal, que sais-je moi ? La clé d'or a remplacé aujourd'hui les parchemins.

MAITRE JACQUES.

Cette erreur dans laquelle tu as été, beaucoup d'hon-

13

nêtes gens la partagent ; ils trouvent tout naturel que
parce qu'ils ont de l'argent, les fonctions administra-
tives leur soient dévolues ; préoccupés qu'ils sont que la
propriété seule est une condition d'ordre et de stabilité.
Abusés par leur position sociale, ils ne réfléchissent pas
que pour cinq à six millions de propriétaires, il y a
vingt-cinq millions de prolétaires qui héritent de la misère, qui travaillent, suent pour entretenir le luxe des
oisifs et sacrifier leurs filles à leur plaisir. Vous vous
rappelez tous de l'événement malheureux qui survint
l'année dernière, et mit tout le village en rumeur ; la
fille de ce pauvre et honnête laboureur, victime à l'âge
de seize ans de la séduction de M. R..., fut montrée au
doigt dans tout le Village. Aucune de vos femmes ne
voulut plus la voir ; vous défendîtes à vos filles d'aller
promener avec elle les jours de fête. Cette malheureuse,
repoussée par la société, n'écoutant plus que son dé-
sespoir, s'est jetée dans la plus honteuse prostitution.

FRANÇOIS.

Il est bien évident que si l'un n'eut pas été dans l'o-
pulence, et l'autre dans la pauvreté, cet événement
malheureux ne serait pas arrivé.

MAÎTRE JACQUES.

Ta réflexion est fort juste. De tels actes qui soulèvent
vos répugnances doivent disparaître graduellement. Saint-
Simon, qui est le plus grand penseur du siècle, est
venu arracher les classes pauvres à la misère et à l'immo-
ralité. Il ne veut d'aristocratie d'aucune espèce, pas
plus de celle des titres que de celle d'argent ; dans l'a-

venir il n'y aura pas de privilége, parce que chacun sera classé selon son mérite, et récompensé selon son travail. Dis-moi, Pierre, ton fils a une intelligence rare pour un enfant de son âge; n'est-il pas vrai que si tu étais riche, cet enfant serait médecin, avocat ou tout autre chose, parce que tu aurais de quoi payer les frais d'étude et d'examen.

PIERRE.

Je me trouverais le plus heureux des hommes, si je pouvais faire donner une éducation à ce petit marmot.

MAITRE JACQUES.

Faute d'argent pour le faire instruire, ton fils sera réduit à prendre la bêche ou la truelle, qui lui causent de si vives répugnances. Dans la religion Saint-Simonienne, on tiendrait compte de ses goûts, de sa vocation, pour le classer d'une manière convenable.

FRANÇOIS.

Qu'il me tarde que ce temps arrive! plus de priviléges, plus d'oisifs, plus de pauvres; tout le monde s'aimera et sera heureux. S'il fallait encore brûler une amorce pour hâter ce moment, je suis tout prêt à marcher.

MAITRE JACQUES.

Arrête, François, arrête : assez de sang a été versé pour conquérir les institutions qui nous régissent. Grâce à la liberté de conscience et de la presse, l'amélioration sociale que le Saint-Simonisme proclame, doit s'établir pacifiquement et graduellement dans tous les esprits, parce que tout le monde, fatigué des déchiremens des partis qui ont vainement essayé de leurs théories politiques, la jugera indispensable au bonheur général. On fera ensorte d'élever l'industrie qui depuis si long-temps avait été réprouvée, sans porter atteinte à la propriété des riches; ils craignent sans cesse une révolution des classes ouvrières, qui manifestent partout, à Paris, à Lyon, Grenoble, l'état de mal-aise qu'elles éprouvent. Eh bien! il faut rassurer leur esprit troublé, leur faire voir par votre moralité, votre patience et votre zèle dans les travaux, que vous êtes dignes d'être considérés, c'est-à-dire, d'être non des prolétaires vivant au jour le jour, mais des travailleurs associés. Convaincus alors des avantages de l'association qui, en améliorant le sort du pauvre, augmentera les revenus du riche, puisque l'activité des forces industrielles, au lieu de s'entredétruire comme aujourd'hui, par la concurrence, convergera vers un même but; les chefs d'industrie agricole et manufacturière vous jugeant eux-mêmes susceptibles d'une transformation sociale, s'empresseront de se joindre aux Saint-Simoniens pour hâter le moment de son exécution.

FRANÇOIS.

Eh bien, maître Jacques, comme vous êtes un brave homme, nous vous promettons de bien nous conduire. Moi, qui passe pour un joueur, un pilier de cabaret, je ne veux plus mettre les pieds dans aucune maison de jeu. Je veux que tout le monde puisse dire : voyez François; il jouait tout ce qu'il gagnait par son travail, battait sa femme, rendait ses enfans malheureux ; il est devenu bon père, bon époux, sage, économe, depuis qu'il est Saint-Simonien.

MAITRE JACQUES.

Viens, mon enfant, que je t'embrasse ; tu me ravis de t'entendre. Oui, mes amis, préparez l'avénement de la Religion nouvelle, en montrant à la société, qui vous voit avec répugnance, le tableau de l'union la plus parfaite. Soyez plus doux, plus affables ; que l'on puisse dire partout ce sont de braves gens que les Saint-Simoniens. Je sens que je suis trop ému pour continuer notre entretien. Il me suffit de savoir que vous êtes complétement désabusés sur le compte de Saint-Simon et de ses disciples.

PLUSIEURS OUVRIERS.

Oh ! promettez-nous de nous parler quelquefois de ce grand homme ; nous sommes tous curieux de connaître sa vie.

MAITRE JACQUES.

Mes amis, il y a tellement de choses à dire qu'il me serait actuellement impossible de bien me les rappeler. J'ai chez moi un ouvrage qui traite de la vie de Saint-Simon, je vous l'apporterai pour vous donner lecture de quelques passages. Adieu, mes enfans.

TOUS.

Adieu, maître Jacques ; à dimanche prochain, entendez-vous ?

MAITRE JACQUES.

Oui.

TOUS.

Sous cet ormeau, n'y manquez pas au moins.

MAITRE JACQUES.

Je vous le promets.

A. METGE.

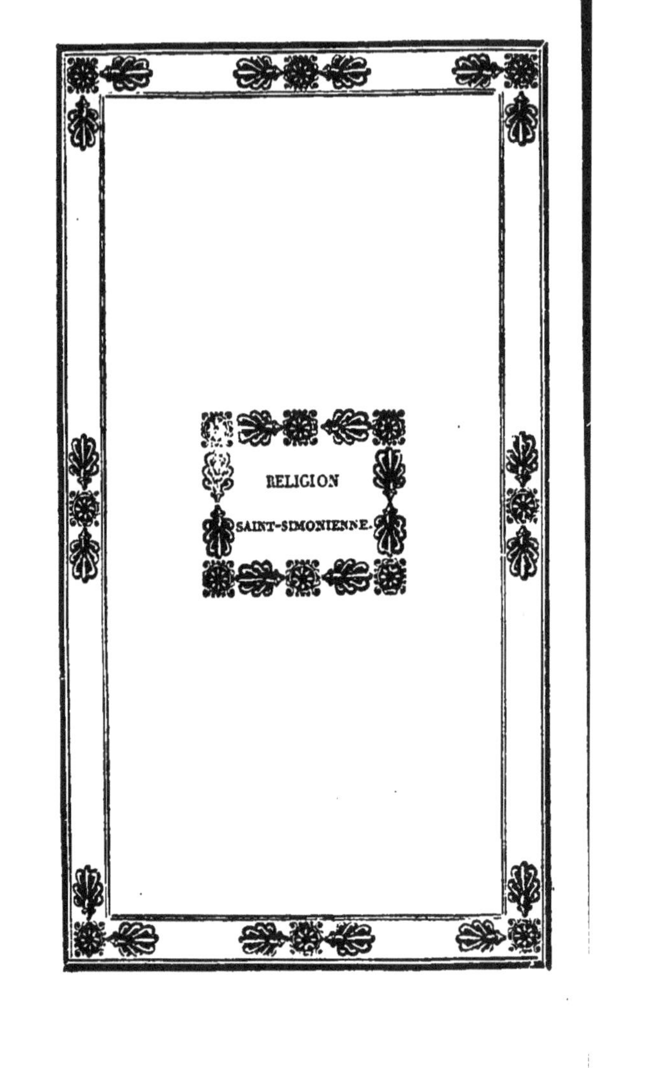

RELIGION
SAINT-SIMONIENNE.

A CHACUN SELON SON MÉRITE.	A CHACUN SELON SON TRAVAIL.

Quel but se proposent les Saint-Simoniens ?

Le but que se proposent les Saint-Simoniens, est différent du but que poursuivent les partis politiques : chaque parti se propose de vaincre les partis opposés, de les dominer, d'établir sur eux son autorité.

Au contraire, les Saint-Simoniens veulent amener tous les partis à une fusion, à une conciliation de leurs intérêts divers dans un intérêt plus grand qui les embrasse tous.

Un parti politique, ne pouvant triompher que par l'abaissement du parti opposé, n'arrivera jamais à établir par son triomphe la paix et l'harmonie, même au jour de sa puissance la plus grande, il aura des ennemis, qui travailleront sourdement à la miner ; des ennemis contre lesquels il lui faudra nourrir les soupçons et déployer la rigueur.

Ainsi, pendant les quinze années que la restauration a fait triompher en France le principe de la légitimité par droit de naissance, les libéraux, qui l'ont à la fin jetée bas, n'ont cessé de remuer : ainsi, depuis la révolution de Juillet, les carlistes n'ont cessé de travailler à ébranler la royauté qui s'est reconnue fondée par le peuple.

Mais quel est le but auquel les Saint-Simoniens veulent rallier tous les partis, tous les individus, par leur propre intérêt ? c'est *l'association universelle.*

Ce but est le plus généreux, le plus grand et le plus utile qu'on puisse proposer ; car il est dans l'intérêt de toutes les classes : des *oisifs* et des *travailleurs*, des *riches* et des *pauvres*.

Certes, les riches n'ont pas un intérêt moins grand que

les pauvres à ce que les faillites, les émeutes, les dépenses inutiles, les vols, disparaissent de la société ; or, c'est ce qui arriverait, si les hommes convenaient de s'associer, au lieu de se faire la guerre et la concurrence comme aujourd'hui.

Voyez ce qui se passe : toutes les fois qu'un homme vend ou achète quelque chose, il se comporte avec l'acheteur ou le vendeur, comme avec un homme qui veut le dépouiller. Les maîtres se défient de leurs ouvriers et de leurs domestiques ; et ceux-ci le leur rendent bien. Les pauvres regardent en général les riches comme des hommes durs, égoïstes, auxquels ils sont bien souvent tentés d'attribuer leurs malheurs ; et les riches à leur tour craignent les pauvres, comme des gens qui n'ont rien à perdre, toujours mécontens et prêts à se soulever. Les hommes sont dans la vie comme une troupe de voyageurs affamés autour d'une table d'hôte maigrement servie ; chacun se méfie de ses deux voisins ; chacun songe à soi, ne perd point son temps à offrir, mais s'empresse de satisfaire son appétit ; c'est une lutte et une inimitié souvent déguisée, mais toujours réelle. Or, si le dîné était copieux et surabondant, vous verriez, au contraire, ces mangeurs avides, devenus convives polis et délicats, se prévenir mutuellement, se partager avec amour et joie les délices du festin.

Qu'il en soit de même de la vie ; que chacun y trouve largement sa part et celle des siens ; la méfiance, la haine feront bien vite place à l'amour et à la concorde. — Mais quel moyen de satisfaire les besoins de tous les hommes ? Les riches voudront-ils se dépouiller en faveur des pauvres ? — Non, certes, car les pauvres n'en seraient guère moins misérables. Il ne faut rien enlever à personne, il faut donner à tous.

Faisons le compte de l'argent, des forces, et du temps

que les hommes perdent, parce qu'ils sont désassociés, et qu'ils gagneraient en s'associant, et nous verrons dans l'*association* une source immence de richesses inconnues.

Si les hommes étaient associés, les peuples se tendraient tous une main amie ; plus de guerres ! plus d'armées ! Et les quatre millions d'hommes robustes et alertes que les princes d'Europe équipent, nourrissent, habillent, logent, blanchissent pour faire la parade en temps de paix, le carnage et l'incendie en temps de guerre, emploiraient leurs bras, leurs intelligences, leur temps à produire des denrées utiles. Les sommes énormes employées à la construction et à l'entretien de remparts, de fortifications, de fonderies et de parcs d'artillerie, belles et bonnes choses qui coûtent beaucoup sans rapporter un sou, serviraient à construire des chemins de fer, à élever des villes, à creuser des ports, à dessécher des marais, fertiliser des landes, reboiser des montagnes.

Il en serait de même de ces légions de douaniers et d'agens du fisc, percepteurs, contrôleurs, inspecteurs, etc., qui, au lieu de recevoir un traitement pour ne rien produire, le recevraient en échange de travaux plus utiles que les liasses de papier qu'ils barbouillent toute l'année, ou que les entraves qu'ils apportent à la prospérité du commerce.

Entrons dans les menus détails de la vie ; le travail est aujourd'hui pour tous ceux qui le pratiquent une corvée, un fléau : 1° parce que les travailleurs ne sont presque jamais récompensés selon leurs œuvres ; 2° parce que les hommes n'ont point la liberté de choisir le travail dont ils seraient le plus capables ; 3° parce que la concurrence condamne les travailleurs à un travail excessif et monotone de dix, douze et parfois quatorze heures par jour. De cela il résulte que les hommes obligés de travailler pour vivre, fraudent ceux qui leur commandent le travail, cherchent à épargner leurs

peines et leur temps, tâchent de gagner et non pas de produire, se reposent pendant l'absence du maître, et feignent
de travailler bien fort sous ses yeux ; s'étudient à le tromper
sur tout, sur le prix, sur le temps, sur les produits ; pourquoi cela ? parce que le maître, de son côté, se soucie peu de
la personne et du bien-être de l'ouvrier, tâche d'avoir le plus
de temps au moindre prix, ne s'inquiète point de procurer à
ses travailleurs les délassemens et les distractions nécessaires
à tout homme qui travaille, mais les suit au contraire partout d'un œil sévère, pour prévenir le gaspillage de temps
et de force dont il se sent à chaque instant menacé.

Tout cela cesserait, si les hommes étaient associés, si le
petit berger et l'apprenti qui balaye la manufacture, étaient
récompensés en proportion exacte, l'un de la bonne tenue
de ses moutons, l'autre de la propreté des ateliers ; si tous
deux étaient assurés de monter en grade, quand ils auraient
fait preuve suffisante de capacité ; si tous deux pouvaient
prendre en récompense de leur assiduité les plaisirs, les délassemens qu'aujourd'hui ils convoitent et volent en secret.

S'il en était de même au-dessus d'eux parmi les travailleurs de tout sexe et de tout âge, certes les travaux exécutés
avec zèle, avec plaisir, distribués autant que possible selon
les forces, le goût, seraient moins coûteux et plus produc-
tifs ; le maître plus aimé serait comme un père au milieu de
ses enfans ; et *sans diminuer ses propres revenus*, le riche
verrait autour de lui avec amour et joie les pauvres mieux
vêtus, mieux nourris, mieux logés, attendre tout de l'association et du travail.

Voilà comment l'association, en multipliant par l'épargne
des faux frais et l'augmentation des produits, les richesses
humaines, permettrait *d'enrichir tout le monde sans ap-
pauvrir personne.*

Ch. LEMONNIER.

CASTELNAUDARY, IMPRIMERIE DE LOUIS GROC.

FOI NOUVELLE.

Discours de prise d'Habit.

Mes Amis,

En revêtant le costume d'apôtre de la foi nouvelle, ce n'est pas un caprice de l'humaine inconstance, un acte de vanité, de pur égoïsme ou d'intérêt quelconque qui m'ont porté à prendre cette courageuse détermination. Je dis courageuse, oui, courageuse, mes amis; car il n'est aucun de vous, connaissant les ennuis, les peines, les obstacles, les humiliations, les tracasseries sans nombre éprouvées, les dangers courus par mes vertueux camarades, qui puisse trouver cette épithète ambitieuse. J'entre dans la carrière, avec la conviction d'y rencontrer, comme nos infatigables voyageurs les grandes, les honorables persécutions qui font grandir l'apostolat et ne leur laissent, en échange de toutes les tribulations de la vie, que la consolation si chère au citoyen vertueux, d'avoir fait quelque chose pour le bonheur de leurs frères, et d'avoir, en tout point, accompli leur devoir.

Dès mon entrée dans l'arène, on ne me verra pas

puissant par la tactique de nos grands maitres. La sève
d'une jeune ferveur a besoin, pour porter d'heureux
fruits, de s'étendre lentement sous l'influence progres-
sive d'une chaleur tempérée. L'honneur des grands
combats appartient exclusivement à ceux qui en mainte
rencontre, ont vu leurs fronts ombragés des palmes
du tournois.

A ces vigoureux et habiles athlètes, la glorieuse satisfaction de vaincre les opiniâtres ennemis de la régénération nouvelle, à ces génies révélateurs, le soin
de répandre à grands flots, la lumière sur les der-
nières ténèbres, sur les ruines amoncelées d'un monde
qui s'éteint !!! car, mes amis, le temps où les prédic-
tions vont être accomplies, comme un géant s'élève
majestueusement sur l'horison ; jusqu'alors organisée
pour la guerre, c'est-à-dire pour la désolation, la des-
truction et la violence, la terre couronnée des fleurs les
plus fraiches et les plus riantes, va désormais s'organiser pour le travail, c'est-à-dire pour le bonheur, la
production et la paix.

Plus de haine! plus de guerre!.... Entendez-vous
ces cris consolateurs qui s'élèvent de toute part. Plus
de guerre, car tous les hommes sont frères. N'ayant
plus qu'une même croyance : désormais plus de bou-
cheries du fanatisme, plus de sanglantes dragonnades,
plus d'atroces tortures, plus de chaînes et de gibets ;
plus, non plus de ces buchers aux flammes homicides
pour le sectaire de Calvin, le croyant du voluptueux
Mahométisme, le Bonze contemplateur, le stupide
Derviche ou l'enfant nomade d'Israël. Plus désormais
plus de ces ostracismes religieux, de ces damnations
perpétuelles prononcées par les ministres d'un Dieu
jaloux ; car le Dieu qu'adoreront tous les hommes ne
sera qu'un Dieu de raison, de justice et d'amour.

Et quel est l'homme ayant quelque portée dans le
jugement, quel est l'homme qui pourrait regarder
comme un rêve, cette étonnante révolution ? lorsque

de toute part , dans les deux mondes , à la voix puissante du Saint-Simonisme , le génie donne pour gage de nouveaux prodiges, ses étonnantes créations : vous devez déjà les comprendre dans les chemins où le fer serpentant en lames glissantes, fait rouler ces rapides chariots , émules admirables en vitesse et en utilité , des bâteaux à vapeur qui bravent impunément et les vents et les flots.

N'est-ce pas aux sublimes révélations de nos savans théoriciens que le gouvernement doit la résolution qu'il vient enfin de prendre, d'organiser nos *oisifs* bataillons *armés* , en phalanges utiles de *travailleurs pacifiques* ? Mais nos gouvernans ont encore de grands pas à faire , pour se trouver avec nous , sur la ligne avancée du progrès. Il faut que, se dégageant des langes putrides où le rachitique *statu-quo* l'acouardise emmailloté , il faut que le pouvoir ne se laisse plus bercer à la psalmodie de ses complaisans parlementaires.

Si le pouvoir veut vivre, il est indispensable qu'il abandonne le régime trop nourrissant, trop plétorique, du provisoire.

S'il veut se montrer enfin et juste et paternel, il faut qu'il nous fasse grâce de son machiavelisme; qu'il oublie entièrement son antagonisme brutal et ridicule de la prison , du sabre et de la plume.

Il avancera avec nous dans la large voie de l'association , en cessant de jouer le misérable rôle d'Harpagon, et en livrant libéralement à l'industrie les fonds énormes dévorés par d'occultes prodigalités et les chancres hideux de la bourse, de l'agiot, de l'amortissement et de l'emprunt étranger.

Alors , sans surcharger son peuple d'impôts , et même après avoir supprimé les deux plus onéreux pour la classe la plus nombreuse et la plus pauvre : je veux parler de l'impôt sur le sel et de celui sur les boissons. Le gouvernement pourra favoriser le système définitif de navigation, de chaussées et de chemins vicinaux.

Il pourra sillonner la France d'innombrables chemins de fer ; procéder à la refonte du travail agricole ; s'occuper de l'indispensable irrigation de la Basse-Bretagne, des Landes et de la Sologne.

Alors il sera sûr d'obtenir le désséchement des marais ; alors les Pyrénées, le Mont-d'Or et le Cantal dont les bois sont dans un état complet de dépérissement, se couvriront du luxe verdoyant d'un nouveau feuillage ; alors les mines de houille, à peine effleurées dans l'Hérault, le Gard, le Puy-de-Dôme et l'Aveyron, pourront être livrées à une exploitation plus étendue que réclament journellement les besoins du chauffage et de l'industrie.

Voilà en peu de mots le résumé du vaste projet de nos améliorations pour la France, et de sa mise à exécution, dépend tout l'avenir de notre beau pays.

Ainsi tombent devant l'évidence des succès déjà obtenus, les mesquines et étroites objections de nos routiniers doctrinaires, de tous ces enthousiastes glacés des vieilleries et du passé. Je le dis avec toute la chaleur de la conviction, je le proclame avec le PÈRE, je le répète avec ses plus illustres disciples : Michel Chevalier, Barrault, Duverrier, Sthéphane Flachat et mon ami Vidal ; je le publierai avec tous les apôtres de la *Foi nouvelle* ; l'avenir est notre riche et vaste domaine ! L'avenir est à nous !!!

Ce n'est pas chez le peuple le plus civilisé de la terre, ce n'est pas seulement sur les dômes de ses monumens, sur les fronts immortels, de la Colonne et du Panthéon, que le St.-Simonisme fait briller les vives et harmonieuses couleurs de sa bannière ; ses paroles d'amour et d'affranchissement ont retenti dans toute l'Europe ; elles se sont fait entendre jusqu'aux portes du Sérail, et malgré le cimeterre des Osmanlis, le corps-de-garde jaloux des eunuques et des muets, le cri électrique de la liberté a réveillé sur son divan la jeune et belle Odalisque.

Bienfaiteur du monde, le Saint-Simonisme, ne pou-
vait rester froid devant l'avilissement où languit la
plus belle portion de l'humanité ; juste comme le Dieu
qui l'inspire, il a dû s'indigner en voyant la femme
esclave, en voyant la femme courbée et dégradée sous
le joug des lois faites par l'homme ; il a dû déplorer
son sort en la voyant contrariée dans ses goûts et sa
vocation, rendue hypocrite, fausse et avare de franchise et de sincérité, par l'éducation qu'elle reçoit dès
le berceau. Il faut en convenir, c'est par la plus
criante usurpation, la plus noire ingratitude que celui qui devait être son compagnon s'est déclaré son
maître, de par la force.....

En vain nous dira-t-on, que par son organisation
physique la femme est inhabile au commandement, à
tous les actes de la vie qui exigent du courage, du
sang froid, de la détermination, de la persévérance ;
mais l'antiquité ne nous offre-t-elle pas ses Sémiramis,
ses Clélie, ses Aria, ses Eponine; et l'histoire moderne
t-elle pas consacré de bien belles pages à la haute politique
des Christine et des Elisabeth, aux actions d'éclat des
Jeanne Hachette et de la vierge de Vaucouleurs? Le
chantre de la *Jérusalem délivrée* avait conçu la femme
comme la sent le véritable Saint-Simonien, quand il
nous donna ses belles créations de Clorinde et d'Her-
minie.

Il est temps enfin que la femme recoive ses lettres d'affranchissement : jusqu'à ce jour esclave ou sujette de
l'homme, elle est désormais affranchie, elle est libre de
son amour de son esprit et de sa beauté, elle est la com-
pagne de l'homme, son égale, son associée, car tous les
privilèges de la naissance sont abolis, car l'injustice a
quitté la terre et le règne de la force brutale est passé!

C. F. BERTU,
Apôtre, Compagnon de la FEMME.

LES APOTRES

de la Loi nouvelle

A CEUX QUI LES PERSÉCUTENT,

Mes Amis,

Vous êtes bons, et cependant vous nous faites du mal!
Nous vous aimons, et vous nous haïssez!—D'où vient cela ?
Ah ! le voici :—VOUS NE NOUS CONNAISSEZ PAS. — On vous a dit: Les Saints-Simoniens sont des impies; ils viennent renverser la Religion de JÉSUS-CHRIST. — Écoutez:

Quand JÉSUS-CHRIST, le DIVIN-RÉDEMPTEUR des esclaves, expirait sur une croix, il demandait à DIEU grâce pour ses bourreaux en disant, *Mon père, pardonnez-leur; ils ne savent ce qu'ils font.*

Eh bien ! nous aussi, animés pour tous les hommes, nos frères, d'un pareil amour, nous vous pardonnons, car vous ne savez pas qui nous sommes.

Quand vous nous connaîtrez, vous ne nous traiterez plus en ennemis, mais vous nous chérirez comme vos meilleurs amis.

Et jusqu'à ce que vous nous connaissiez, vous aurez beau nous haïr et nous faire du mal, nous vous aimerons toujours; nous chercherons toujours à vous faire du bien. Vous le savez : lorsque nous étions poursuivis de vos huées et de vos pierres, qui d'entre nous vous a rendu le mal pour le mal ? N'avez-vous pas vu sur nos visages le calme et la patience des premiers disciples de Jésus.

Si quelques-uns de nos amis prenaient notre défense, ne nous sommes-nous pas efforcés d'apaiser leur indignation? N'avons-nous pas retenu leur bras, de peur qu'ils ne vous fissent du mal ?

Car je vous le dis en vérité, nous aimons mieux être écrasés sur le pavé et mourir pour le salut du peuple, que de voir un seul d'entre vous, nos frères, frappé à cause de nous.

Ce n'est point la *guerre*, mais la *paix*, que nous venons mettre parmi les ENFANS DE DIEU.

Paix aux hommes de bonne volonté!

PAIX A TOUS LES HOMMES !!!

Et l'on dira que nous sommes des impies! que nous venons renverser la Religion!

Mais qu'est-ce donc que la piété? qu'est-ce que la religion ?

La PIÉTÉ! n'est-ce pas cette bonté patiente que nous vous témoignons sans cesse, et dont Jésus vous a donné l'exemple?

Et Jésus-Christ, qu'a-t-il prêché aux hommes?

Il leur a dit : Je suis le FILS DE DIEU, nous sommes tous fils de DIEU, nous sommes tous frères.

Il nous l'a dit, et nous l'avons cru, et cependant nous avons continué de vivre en ennemis.

Car nous ignorons les *moyens* de vivre en frères.

Et aujourd'hui encore quel désordre parmi les hommes!

Leurs COEURS sont livrés à la haine, leurs LANGUES à la calomnie, leurs BRAS à la *guerre*.

Est-ce donc là ce règne de DIEU annoncé par Jésus?

Ce règne de DIEU, que vous invoquez tous les jours en disant: notre PÈRE *que votre* RÈGNE *arrive*, *que votre volonté soit faite* SUR LA TERRE *comme au ciel?*

Lorsque Jésus donna aux hommes cette prière prophétique, les temps n'étaient pas encore venus où l'humanité ne doit plus former qu'une seule famille.

Le monde n'était pas prêt.

Mais Jésus a *enseigné* aux hommes qu'ils sont tous frères, et par cette divine parole, il les a préparés à *pratiquer* un jour cette fraternité universelle qui est la véritable religion des ENFANS DE DIEU.

Aujourd'hui les temps sont venus.

Le Monde est prêt.

Et c'est pourquoi DIEU envoie au Monde une parole nouvelle.

Et nous, les nouveaux apôtres de cette providence, infiniment BONNE, *sage et puissante*, qui veille éternellement sur nous tous, nous venons apporter aux hommes les moyens de *pratiquer* la fraternité *enseignée* par Jésus.

Nous ne venons donc pas *renverser* la religion.

Et nous pouvons dire aux Chrétiens ce que Jésus disait aux Juifs : *Je ne viens pas abolir la loi, mais l'accomplir.*

Or, cette LOI, vous la connaissez:
A CHACUN SELON SES MÉRITES.
Telle est la véritable justice;
Telle est votre sainte volonté, ô mon DIEU!
QU'ELLE SOIT FAITE SUR LA TERRE COMME AU CIEL!
QUE VOTRE RÈGNE ARRIVE!!!

VIDAL ET BERTU.
Apôtres, compagnons de la FEMME.

L'AVENIR.

AIR *du Chant du Midi.*

L'aurore du bonheur luit enfin sur la Terre;
La justice du Ciel va régner parmi nous.
En ces jours d'allégresse, humains, embrassez-vous;
Une éternelle paix a détrôné la guerre.
Plus de haine et de sang; donnons nous tous la main;

Venez, ne formons tous qu'une même famille.
La Femme s'affranchit; le Peuple n'a plus faim.
Tout homme est fils de DIEU toute femme est sa fille.

La loi n'accorde plus de droits à la naissance;
Seul, aux biens, aux honneurs, le mérite a des droits.
L'injuste hérédité des nobles, des bourgeois,
Du Peuple malheureux déshéritait l'enfance.
Plus de haine et de sang, etc.

L'homme, vil séducteur, n'achète plus la femme;
Il la respecte enfin: n'est-elle pas sa sœur?
Libre, elle n'obéit qu'aux ordres de son cœur,
Et n'a plus à gémir d'un esclavage infâme.
Plus de haine et de sang, etc

Une FEMME viendra divine Orientale,
D'un hymen tout nouveau poser les saintes lois:
Près de l'Homme elle trône, avec les mêmes droits;
Et le règne est passé de la force brutale.
Plus de haine et de sang, etc.

VIDAL,
Apôtre, compagnon de la FEMME

LE CHANT DU TRAVAIL.

AIR *de la Marseillaise.*

Allons, enfans de l'industrie,
Voici venir des temps nouveaux ;
La sanguinaire tyrannie
Ne fait plus flotter ses drapeaux.
Le laboureur, dans sa chaumière,
N'a plus à craindre les soldats ;
Les arts succèdent aux combats ,
Et l'opulence à la misère.

Courage ! mes amis, ensemble travaillons ;
Marchons , que notre ardeur féconde nos sillons.

Hommage et gloire à l'Industrie ,
Qui verse en tout lieu ses bienfaits !
Vous tous qui lui devez la vie,
Admirez ses divins progrès.
La vapeur , brisant tout obstacle ;
Donne des ailes aux bâteaux :
Et d'un char, roulant sans chevaux,
La vitesse tient du miracle.
Courage ! mes amis , etc.

Dans nos campagnes, dans nos villes ;
Voyez ce peuple doux et fort :
Il change en instrumens utiles
Ces mousquets , instrumens de mort.
Et le fer, en lames glissantes ,
Serpentant par mille chemins ,
Unit les fraternelles mains
De cent nations florissantes.
Courage ! mes amis , etc.

Amour sacré ! flamme éternelle !
Viens embraser le travailleur ;
Conduis la famille nouvelle
Aux champs de paix et de bonheur.
Sur cette terre d'harmonie ,

Par tes mains de fleurs couronnés ;
Que tous les peuples fortunés
Ne chantent plus qu'une patrie.

Courage ! mes amis , ensemble travaillons ;
Marchons , que notre ardeur féconde nos sillons.

VIDAL et BERTU ,

Apôtres , Compagnons de la FEMME.

●● ●●

LE COMPAGNONAGE

DE LA FEMME.

PEUPLE rends hommage à la FEMME,
Et change tes cris en concerts ;
Ne maudis plus un joug infâme :
Sa main détachera tes fers.
Douce , majestueuse et belle ,
Elle fait bénir sa bonté ;
Et la paix marche devant elle :
C'est l'ange de la liberté.

Compagnons de la femme ,
Si sa voix nous réclame ,
De cœur , de bras et d'ame
Soyons prêts ;
Que nul effort ne coûte ;
De fleurs semons sa route ,
Et que la terre écoute
Ses chants de paix.

Plus de sang , de haine et de guerre !
L'atelier est un champ d'honneur ;
Le travail embellit la terre ;
La gloire attend le travailleur.
Peuple , relève enfin la tête
De la poussière du chantier ;
La Femme t'invite à la fête
Et sa main te tresse un laurier.

Compagnons de la Femme , etc.

PEUPLE , apprends à bénir la MÈRE :
Le PÈRE est captif en prison ;
Et toi , captif dans ta misère.
Ensemble invoquons tous son nom.
C'est l'heure de la délivrance :
Prison , rendez-lui son époux.
Enfin la liberté commence ;
La Femme nous a sauvé tous.
    Compagnons de la Femme , etc.

       E. BARRAULT. (*Extrait.*)

LES FOUS.

AIR *du Magistrat irréprochable.*

Vieux soldats de plomb que nous sommes,
Au cordeau nous alignant tous ;
Si des rangs sortent quelques hommes,
Tous nous crions: « A bas les fous ! »
On les persécute, on les tue,
Sauf, après un lent examen,
A leur dresser une statue
Pour la gloire du GENRE HUMAIN.

Combien de fois une pensée,
Vierge obscure attend son époux ;
Les sots la traitent d'insensée,
Le sage lui dit: Cachez-vous!
Mais, la rencontrant loin du monde,
Un fou qui croit au lendemain
L'épouse: elle devient féconde
Pour le bonheur du GENRE HUMAIN.

J'ai vu SAINT-SIMON le prophète ,
Riche d'abord, puis endetté,
Qui des fondemens jusqu'au faîte
Refaisait la société;
Plein de son œuvre commencée,
Vieux, pour elle il tendit la main,
Sûr qu'il distribuait la pensée
Qui devait sauver le GENRE HUMAIN.

FOURRIER nous dit:« Sors de la fange;
Peuple en proie aux déceptions;
Travaille, groupé par phalange
Dans un cercle d'attraction.
La terre, après tant de désastres,
Forme avec le ciel un hymen;
Et la loi qui régit les astres
Donne la paix au GENRE HUMAIN!..»

ENFANTIN affranchit la FEMME,
L'appelle à partager nos droits.
Fi! dites-vous sous l'épigrame,
Ces fous rêveurs tombent tous trois.
Messieurs, lorsqu'en vain notre sphère
Du bonheur cherche le chemin,
Heureux le fou qui ferait faire
Un rêve heureux au GENRE HUMAIN.

Qui découvrit un nouveau monde?
Un fou qu'on raillait en tout lieu ;
Sur la croix que son sang inonde,
Un fou qui meurt vous lègue un Dieu!
Si, demain, oubliant d'éclore,
Le jour manquait, eh bien! demain
quelque fou trouverait encore
Un flambeau pour le GENRE HUMAIN.

BÉRANGER.

Saint-Pons, Imp. de J. Franc.

Les Apôtres Saint-Simoniens Rousseau, Massol et Teison, ont fait auprès du Roi une démarche qui les honore, comme on le verra par la lettre suivante, que nous nous félicitons de pouvoir livrer à la publicité. Voici le digne article que le journal *la Tribune* a fait paraître à ce sujet : c'est un modèle de saine discussion et de bon ton qu'on ne saurait trop recommander.

Extrait de la Tribune du 16 février.

« MM. *Rouleau, Mahol* et *Torchon*, apôtres Saint-Simoniens, ont adressé à Louis-Philippe la lettre qui suit :

Roi des Français,

Pendant que le Père à Sainte-Pélagie reçoit le baptême de la prison, et que nos frères à Lyon reçoivent le baptême du salaire, qui nous-mêmes déjà nous a purifiés et fait peuple ;

Nos cœurs ont pris une inébranlable résolution.

Roi, vous la comprendrez, car vous voulez le bonheur de tous.

Il est un lieu semblable à l'enfer des chrétiens, où l'homme dégradé, véritable damné, n'espère que le mal.

Le bagne est cet enfer.

Ouvrez-nous en les portes. Nous voulons travailler avec les forçats, porter leurs fers, être enfermés avec eux et les sauver.

Et tandis que par nous le bagne deviendra un nouvel Hôtel-Dieu, cette parole du Père à la Reine, « plus d'échafaud » sera entendue de la femme.

Et par elle, à la place du bourreau qui tue, Dieu créera le sacerdoce nouveau qui sauve.

Alors sera dévoilée la destinée mystérieuse de cette fille des Rois qui, aujourd'hui, vient divinement désorienter la justice sanglante de l'homme.

Roi, que le bagne s'ouvre donc devant nous; que par vous l'œuvre de prolétaire que nous allons continuer à Bordeaux cesse enfin; faites que nous soyons forçats.

Rousseau, Massol, Terson, ancien prêtre catholique.

» Tant que les élèves de Saint-Simon se sont bornés à exposer les idées bonnes et mauvaises que leur maître avait apprises dans les livres des économistes, nous nous sommes contentés de réfuter ou d'approuver ces Messieurs. Aujourd'hui nous croyons devoir les avertir charitablement que le grand désir de bruit et d'éclat qui les pousse est plus que voisin du ridicule. De toutes les manières d'exposer leurs idées, ils ont pris la plus extravagante. En vérité, leur ivresse dure depuis trop long-temps; ils la devraient cuver. Quand on veut si résolument aller aux galères, il y a des moyens connus, faciles, et qui doivent moins répugner à ces Messieurs qu'à tous autres, à cause de leurs idées particulières sur la propriété. S'ils ne veulent pas aller jusque là, qu'ils imitent l'honnête criminel, et prennent pour leur compte le vol du premier venu; c'est plus sûr que d'écrire des lettres retentissantes. Le Père a bien su faire ce qu'il fallait pour aller à Sainte-Pélagie ».

Les Saint-Simoniens ne feront pas une réponse directe à des injures, parce que cette œuvre de critique ne leur appartient pas. En présence des souffrances du peuple et de la femme, ils se conçoivent une plus haute mission. Seulement ils emprunteront à un journal, qui marche en avant de la vieille politique, un article qui résume assez bien la position de bon nombre de républicains.

Extrait du Journal le Phalanstère. — Lettre de M. le Rédacteur du Mémorial de l'Allier.

« L'écrivain du *Mémorial* n'est point assez étranger aux choses de son siècle, pour ne pas comprendre la raison des travaux actuels de la *science de l'humanité*. Il sait que cette science a aujourd'hui pour but de rechercher le remède efficace au malaise profond qui ruine la société, telle que nous la voyons actuellement constituée. Ce malaise, plus qu'un autre peut-être, il est payé pour le sentir, et il le sent vivement, et il applaudit de toute son ame aux efforts de cette philosophie positive qui a mis sans hésiter le doigt sur la plaie, et il attend avec anxiété le résultat de ses efforts.

» Mais ce même écrivain a tous les jours sous les yeux des républicains, ou prétendus tels, pour qui toute question sociale se résout dans la forme du gouvernement; esprits superficiels, qui croient, ou font semblant de croire, que quand on aura substitué un président à un roi, et quand le suffrage universel aura remplacé notre système électoral, le peuple n'aura plus rien à demander; esprits indociles, dont toute la science consiste dans le mépris de toute autorité; imprudens utopistes, qui ne connaissent d'autre moyen d'arriver à leur but que d'exciter les passions des masses, et de les ameuter contre le pouvoir et la propriété; dont les efforts, s'ils étaient couronnés de succès, ne conduiraient la société qu'au désordre et à l'anarchie. Tous, très-jeunes gens d'ailleurs, qui, je vous l'assure, n'ont pas plus de respect pour Grotius que pour Montesquieu, pour Saint-Simon que pour Fourier, car ils ne les connaissent ni les uns ni les autres, ou ne les connaissent que par de vagues ouï dire. C'est dans les estaminets qu'ils établissent leurs cours d'économie politique; c'est dans des banquets, dits *patriotiques*, qu'ils se livrent à l'expansion de leur philantropie. Ils ont emprunté à la langue de Saint-Simon, sans les comprendre, les mots *prolétaire*, *travailleur*, *oisif*; et eux, qui n'ont de moyen d'existence que les revenus de leurs pères, qui n'ont fait onc œuvre de leurs dix doigts, ils déblatèrent contre le droit de propriété; ils appellent, contre le riche *oisif*, la haine du pauvre *travailleur*! Impuissans à éclairer les masses, ils les irritent; ils excitent les passions mauvaises qui couvent au sein de la société souffrante; ouvriers inhabiles, ils accélèrent un mouvement qu'il faut régler, au risque de le détraquer; ils sèment des vents enfin sur notre horison politique, et nous, préparent ainsi de terribles tempêtes. Pensez-vous, Monsieur, que la guerre à de pareils réformateurs ne soit pas permise, qu'elle ne soit pas un devoir même ? Et quant au choix des armes, croyez-vous que celle du ridicule ne soit pas merveilleusement appropriée à la taille de ces *Aristides* d'estaminet, de ces *Fabricius* de banquet patriotique, qui boivent à l'émancipation du prolétaire, quand le prolétaire est là, derrière eux, mais seulement pour les regarder manger ?

» Si nos républicains (je dis le plus grand nombre) étaient des hommes austères dans leurs mœurs, sévères dans leurs habitudes, sincères dans leurs professions de foi, s'ils recherchaient consciencieusement le bien-être physique et moral des masses, s'ils offraient des garanties morales de l'efficacité de leurs théories ; si, enfin, leurs actes étaient conséquens avec leurs paroles ; oh ! je reconnais qu'ils ne seraient pas justiciables du ridicule, et je respecterais leurs convictions sans les partager, comme je respecte celles des disciples de Saint-Simon, ou de Fourier. Mais convenez avec moi, Monsieur, qu'outre que leurs théories sont bien creuses, en général, leurs habitudes sont bien peu recommandables.

» L'auteur de l'article intitulé *Les Prolétaires et les Patriotes*, n'a donc eu d'autre but que de mettre en relief, sous la forme qui lui a paru la plus saisissable par ses lecteurs, la contradiction permanente que les soi-disant *patriotes* laissent remarquer entre leurs maximes et leurs actions : personne n'a contesté l'exactitude des traits que sa plume a esquissés. . . . . »

Castelnaudary, L. GROC, Imp.-Lib.

A mes Concitoyens,

Le vaste système de persécution qui s'organise en France contre les hommes qui veulent un ordre de choses plus en harmonie avec les idées et les besoins de l'époque, commence à porter ses fruits. Ma sortie brusque, inattendue de chez madame Abascal, est un sujet de conversation que chacun interprète à sa manière. Ce fait, qui paraît assez insignifiant par lui-même, se revêt d'un caractère grave et sérieux, si on le lie au principe de liberté de conscience sur lequel repose l'édifice social tout entier. Quoique jusqu'à ce jour j'aie gardé le silence, je n'ai pas entendu laisser croire à mes concitoyens que je passais condamnation sur la mesure prise à mon égard ; j'ai voulu seulement que le temps me fournit les documens nécessaires, afin que mon esprit dégagé de toute espèce de prévention, put prononcer un jugement avec pleine connaissance de cause. Aujourd'hui je suis en mesure, et je me félicite d'une telle circonstance qui me permet de me poser en face du public ; je vais lui dire sans détour, sans arrière-pensée, ce que je suis, et désabuser certaines personnes qui se laissent encore aller contre moi et les miens à des sentimens de haine, parce que ne concevant pas l'époque actuelle, elles se méprennent sur la nature de nos idées et de nos actes.

D'abord pour ce qui est de ma vie privée, je n'entrerai dans aucun détail à cet égard ; ma moralité est assez connue ; au surplus mes actes sont là pour en répondre. Quant à ma vie politique, je me vois obligé d'entrer dans quelques développemens relativement à la phase qu'elle présente aujourd'hui. Le crime dont on m'accuse c'est d'avoir pris rang dans la hiérarchie de ces hommes généreux qui ont proclamé hautement que le bonheur de chaque individu devait désormais être lié à celui de ses semblables ; qui n'ont cessé d'appeler l'attention du gouvernement sur le sort de ces masses qui n'héritent que de la misère , et qui s'agitant tantôt sourdement , tantôt bruyamment sur le sol de la France , échangeraient volontiers une partie de leur souveraineté dérisoire pour un peu de pain et du travail. Voilà ce que mon cœur désire , et ce que doit désirer tout homme dont l'égoïsme n'a pas entièrement desséché le cœur. Voilà ce qu'expriment chaque jour les hommes du progrès, libéraux , républicains ou saint-simoniens qui , d'accord sur le même but, ne diffèrent que dans l'emploi des moyens. Les uns croient que la violence est encore nécessaire pour obtenir les améliorations ; les autres les attendent pacifiquement et progressivement du temps et surtout de l'esprit plus éclairé du peuple. Les premiers , sans cesse armés de la hache et du marteau , s'acharnent à démolir quelques débris du passé qui apparaissent ça et là ; les seconds , maniant la truelle et le rabot, s'occupent plutôt des moyens d'organiser la société sur des bases nouvelles. Tous accomplissent donc une œuvre importante.

Indépendamment des maux des classes pauvres , les saint-simoniens en ont signalé d'une autre nature , mais non moins cuisans. Eux les premiers ont parlé des souffrances de la femme, de cette moitié de l'être humain ; à la femme réprouvée dans le passé, torturée dans le présent, ils annoncent un avenir de gloire et de bonheur. Développée dans ses facultés, libre dans l'expression de ses sentimens, sans rien perdre de cette aimable pudeur qui fait sa plus belle parure, la femme de l'avenir, respectée, honorée, inspirera les plus grands actes de dévouement, encouragera la science, l'industrie, les beaux-arts, et fera connaître aux nations sa puissance d'amour et de bonté.

Non, ma franchise n'excitera point contre moi le courroux de ces hommes qui, dans leurs craintives préoccupations, nous considèrent comme des instrumens de désordre. Aussi je le déclare, et telle est ma conviction intime et profonde, la doctrine saint-simonienne, à travers quelques imperfections qui s'attachent à tout ce qui sort de la main des hommes, porte dans ses vastes flammes le germe de l'avenir de l'humanité. C'est elle qui, s'élevant au dessus de tous les systèmes politiques créés jusqu'à ce jour, présente à tous les partis une large bannière dont chacun s'approprie un lambeau. Jettez les yeux au tour de vous, et vous verrez cette gravitation universelle des esprits vers le foyer des idées saint-simoniennes. Les journaux de toutes les couleurs abandonnant enfin tout le fatras de la métaphysique constitutionnelle, se précipitent à l'envi sur le terrain de la politique industrielle. Depuis long-temps ils appèlent de tous leurs vœux le règne de la capacité, le seul privilége que l'humanité éclairée reconnaisse aujourd'hui, parce qu'il est fondé sur la nature humaine.

Le *Temps* lui-même, ce journal que les hommes les plus modérés ne désavoueront pas, s'exprime en ces termes dans un article fort remarquable sur l'état actuel des choses. *(Samedi 25 mai 1833).*

« Il y a, dit-il, hostilité entre ceux qui jouissent » et ceux qui travaillent ; entre les entrepreneurs des » travaux et les ouvriers qui fournissent leurs bras ». Et plus bas il ajoute :

« Ce n'est point, dit-il, le gouvernement qu'il faut » refaire, c'est la société qui se refait tous les jours. » Les rapports de l'ouvrier au capitaliste, du domestique » au maître, de la femme à l'époux, du citoyen au » citoyen dans son action industrielle et morale. Voilà » des problèmes qui tourmentent tous les esprits sérieux ».

Ah ! si depuis quatre ans que je professe ces principes qui répandent tant de charmes sur mon existence, mon cœur trop ardent, mon imagination trop facile à s'exalter, n'eussent embrassé qu'une illusion, une chimère ; je vous le demande, faudrait-il me faire un crime de mes erreurs ? Faudrait-il renouveler contre nous ces scènes déplorables qui ont ensanglanté tant de pages de l'histoire? Déjà des hommes, pour qui les leçons du passé sont entièrement perdues, murmurent contre nous le mot de persécution, comme si la société était relancée vers le 15ᵐᵉ siècle. Insensés ! qui croient que le sabre ou le canon ont puissance d'arrêter l'essor des idées nouvelles. Légitimistes, libéraux de toutes les nuances, tour-à-tour persécutés, vous avez invoqué cette liberté de conscience, ce droit imprescriptible que Dieu a gravé dans le cœur de l'homme d'acquérir et de communiquer ses idées. Eh bien ! nous l'invoquons aujourd'hui ; poursuivez-nous dans nos actes s'ils troublent la société; vous en avez le droit; mais respectez nos sentimens dont nous ne devons compte qu'à celui qui nous les a donnés. L'homme qui dit à son semblable : crois ou meurs, est un monstre; mais celui qui dit : tu es dans l'erreur, je vais t'éclairer, est un ange de paix sur la terre.

Tels sont mes principes, tels sont ceux que je professais lors de mon entrée chez madame Abascal; c'est un fait incontestable. La pension battue en brèche était prête à crouler. Peu satisfaits des progrès de leurs enfans, les pères de famille menaçaient de les retirer, autre fait non moins incontestable; l'orage grondait, il fallut chercher les moyens de le conjurer. On jeta les yeux sur moi; des propositions me furent faites; mais j'étais saint-simonien, ma profession de foi était assez répandue; qu'importe? Je devins la providence du moment, et je fus accepté comme professeur de grammaire française et de belles-lettres. Par mes soins l'établissement recouvra son ancienne splendeur; et quoiqu'on ait pu dire sur ma négligence dans mes enseignemens, jamais le chiffre des élèves ne s'était élevé si haut. Et c'est, j'ose le dire, après avoir exécuté dans le court espace de sept mois des travaux dont chacun peut apprécier toute l'importance, que l'on me déclare brusquement, presque à moitié année, que l'on n'a plus besoin de mes services, et cela parce que je professe une doctrine abominable. On me repousse comme un homme dangereux, comme un saint-simonien en un mot, lorsque huit mois auparavant on m'avait accepté quoique tel et comme tel. Et c'est au nom de tous les pères de famille, au nom d'un illustre personnage de la capitale, dont je respecte infiniment les qualités personnelles, moins dont je décline la compétence dans cette affaire, que l'on me signifie de cesser mes cours, sans me laisser la satisfaction, si douce pour un professeur, de recueillir à la fin de l'année, en présence d'un auditoire nombreux et éclairé, le prix de ses nombreux travaux. Alors j'aurais pu être jugé et rétribué selon mes œuvres ; alors seulement on aurait pu trouver dans mes actes la condamnation ou la justification de mes principes.... Mais l'honneur des familles était gravement compromis par ma présence dans l'établissement ! les parens indignés demandaient à grands cris mon expulsion ! il fallait les satisfaire à tout prix ! l'occasion était favorable, on s'en empara pour faire le petit coup d'état préparé de longue main. Cette circonstance est trop remarquable pour qu'elle ne frappe point tous les esprits. Si madame Abascal n'a fait que se rendre aux vœux des parens qui demandaient sur le champ ma retraite, je ne saurais la blâmer ; sa position à l'égard du public exigeait l'adoption d'une pareille mesure. Mais si, au contraire, elle n'a cédé qu'à l'influence d'un parti jésuitique qui semble la traîner à la remorque, je laisse au public le soin de qualifier la conduite de ces hommes, qui s'enveloppent de ténèbres pour mieux porter leurs coups. Pour moi il me suffit d'avoir acquis la certitude que mon expulsion n'est point le résultat de la demande générale des parens qui, presque tous, m'ont témoigné vivement leurs regrets que leurs enfans fussent privés de mes leçons.

Personne, je pense, ne se méprendra sur la nature de cet écrit ; car si dans cette circonstance j'ai cru devoir employer la voie de la presse, c'était moins pour traduire madame Abascal au tribunal de l'opinion publique, et lui demander compte de son inconséquence, pour ne pas dire de son ingratitude à mon égard, que pour faire ma profession de foi, franche, sincère, afin d'en finir avec tous ces bruits que la malveillance se plaît à répandre sur notre compte, et que la crédulité adopte sans examen.

Désormais toute relation cesse entre moi et madame Abascal. J'ai servi de marche pied à l'élévation de son établissement, malgré les résistances de quelques voix amies qui m'avaient conseillé de ne pas y entrer. Je me retire sans regret à cet égard ; mais je ne puis me défendre d'un sentiment douloureux en me séparant d'une classe à laquelle j'ai donné tous mes soins, et sur laquelle j'avais fondé de si brillantes espérances. Toutefois il me reste la douce satisfaction de penser que j'emporte l'estime et l'affection de mes élèves et de leurs parens; ils seront mes défenseurs auprès des personnes qui pourraient encore ajouter foi aux imputations de la calomnie.

A. METGE, Licencié ès sciences.

Castelnaudary. Louis GROC, Imprimeur-Libraire.

AU PEUPLE

UN CROYANT

De la Foi Nouvelle.

MAINTENANT que ; par un acte solennel , j'ai attiré sur moi l'attention du Peuple de mon pays , et que ma parole pourra être entendue , je la jette hautement , sûr qu'elle produira quelques fruits , et qu'elle contribuera encore à répandre la foi qui m'a été enseignée par le PÈRE.

Dieu dans sa bonté infinie , m'a choisi avec plusieurs pour annoncer et enseigner , que les temps sont proches , qu'il va de nouveau nous envoyer un *Messie* qui nous apprendra *à vivre dans une sainte égalité avec la Femme* , qui *sanctifiera l'industrie* et lui donnera une place dans le Temple. Fort de ma foi , je ne faillirai point à mon œuvre , et je saisirai toute circonstance pour faire entendre au peuple ma faible voix , et lui apprendre à espérer en la nouvelle promesse.

Depuis que je suis silencieux , et que , occupé d'observer et de suivre les mouvemens sociaux , je cherche avant de commencer de nouveau l'acnociation , je cherche , dis-je , à bien *sentir* et *comprendre* la volonté de Dieu , afin de la bien pratiquer ; quelques hommes, qui ne savent que blasphémer son saint nom , se sont établis juges de mes actes.... Ils s'en vont dans le monde , et les lui jettent à la face tout dénaturés : je n'ai point le désir de leur répondre , car le sarcasme et le blâme de quelques uns sont aussi utiles au dévelopement de ma foi que la louange et l'approbation de quelques autres. Je m'adresse à toi , Peuple , afin que si quelqu'un des tiens était tenté de les croire , je puisse les ramener et établir ma croyance à la face de tous , et une fois pour toutes.

Je crois à la foi de mes *Pères* ; je crois que les prêtres chrétiens ont mission de lier et de délier jusqu'à ce que la volonté de *Dieu* se soit de nouveau *manifestée* par l'événement que j'ai mission d'annoncer , événement qui viendra placer la *femme dans une sainte égalité avec l'homme , et bénir l'industrie qui est encore maudite.*

Je pratiquerai de la loi chrétienne *tout ce que je croirai ne pas être contraire à ma Foi.* J'ai accepté religieusement la bénédiction du prêtre chrétien , parce qu'il faut , dans l'attente de la loi d'avenir qui n'est pas encore formulée , vivre sous les règles sociales , ou dans l'absence de toutes. Jamais l'orgueil philosophique , ou la haine des formes religieuses du passé ne me serviront de guide. Dans tout acte important , je consulte pour me conduire *ma foi en la venue d'un Messie qui nous apprendra toutes choses nouvelles* , mon cœur et ma conscience ;

et puis je marche ; m'embarrassant peu de là
louange ou du blâme : mon passé et mon présent
sont là pour justifier mes assertions.

Tous ceux qui ont assisté à mes enseignemens,
tous ceux qui encore à une époque peu éloignée
m'entouraient à mon lit de douleur, alors que je
croyais être près de mourir, peuvent témoigner
que j'ai été inébranlable dans ma foi. Je l'ai été, je
le répète, non par orgueil, mais par conviction
profonde. J'ai assez fait des actes, qui ont été assez
diversement jugés, pour ne pas être obligé d'établir
ici que j'ai le courage de les porter.... Le temps n'a
pas encore blanchi ma tête, et mon corps n'a pas
encore été courbé par les ans. Je commence mon
apostolat.... Et dans la longue course que je crois
être appelé à parcourir, *je plierai souvent devant
les exigences sociales*, mais je ne ROMPRAI JAMAIS.
Quelques hommes croiront peut-être, qu'en m'incli-
nant devant le prêtre, afin de recevoir sa bénédiction,
j'ai fait un acte de mensonge.... Il n'en est rien,
je crois à la bénédiction que j'ai demandée, et
c'est avec toute la ferveur religieuse dont je suis
capable, que je l'ai reçue. Je reviens sans cesse sur
cet acte religieux, parce qu'il est le point de départ
de mon annonciation nouvelle ; parce qu'il commence
un phase nouvelle de ma vie ; parce qu'il rend
mon annonciation encore plus sainte, puisqu'elle
embrassera un plus grand nombre de faits et qu'il
me LIE SAINTEMENT à la FEMME.

J'ai saisi cette circonstance pour poser ma foi,
parce que, dans cette époque de confusion et de

désordre, je crois bon et utile de le faire, afin que, lorsque le grand événement arrivera, je puisse être *récompensé* selon mes *œuvres*.

Et maintenant, peuple, tu as entendu.

Marie-Antoine TOUSSAINT.

Castelnaudary, le 1836.

Imprimerie de J. Franc, à St.-Pons.

FOI NOUVELLE.

Famille de Castelnaudary.

Paroles prononcées sur la tombe de JEAN IZARD, *élève en pharmacie, membre de la famille.*

AMIS,

Serrons-nous autour de cette tombe, et qu'elle soit pour nous un enseignement et une source de progrès !

Ces froides dépouilles viennent d'être déposées ici, au nom d'un culte que nos mères nous ont appris à aimer, et qui nous rappelle de vénérables souvenirs. Aussi lui rendrons-nous un religieux hommage en manifestant nos regrets et notre douleur.

Mais, en présence des plus amères déceptions de la vie, nous n'avons plus seulement à verser des larmes de résignation et peut-être de défiance ; nous devons surtout, groupés autour de cette tombe mystérieuse, confesser hautement d'immortelles espérances.

Oui, il faut le dire sur cette terre des morts, que nous avons bercé notre jeunesse des riantes créations du plus doux comme du plus glorieux avenir, que nous avons foi dans l'amélioration de la classe la plus nombreuse, et que nous sommes appelés à préparer un nouveau dogme pour de nouvelles sociétés.

Jeune homme ! tu as cru, tu as espéré comme nous, tu as vécu de notre vie ; et nous sommes venus t'accompagner en cette demeure ! Que n'avons-nous aujourd'hui même, pour cette pieuse cérémonie, tout ce que notre cœur nous fait pressentir de beau, de sublime dans le culte de l'avenir ! Mais nous t'offrons,

à défaut de pompes solennelles, les simples
mais touchantes prémices d'une religion à son
berceau.. C'est une pierre de fondation que
nous venons inaugurer au milieu d'impo-
santes ruines.

Adieu , tu nous quittes après une course
qui n'est pas longue, mais tu n'en continues
pas moins ton immortelle vie; et, si tu t'es
endormi dans le temps , tu t'es réveillé en
face d'une carrière immense, de l'incommen-
surable éternité!

Adieu Izard, et avec toi, jeunesse et ses
rêves dorés, ses jours de fête, ses projets de
lendemain , ses promesses de bonheur et d'a-
mour!. Que Dieu Bon et Bonne te donne plus
que tout cela! Et nous, qui travaillons encore
à l'œuvre providentielle de la régénération du
monde, nous te garderons un tendre souvenir,
en retour des efforts que tu ne manqueras pas
de nous prêter, sur la route qui nous reste à

parcourir... Adieu, que les paroles de l'amitié
t'arrivent suaves et précieuses comme le par-
fum qui brûle devant l'autel !

A Dieu, frère, tu vis en nous comme nous
vivons en toi !

A Dieu !!!

Au nom de tous,

Gabriel TOUSSAINT.

20 novembre 1834.

Castelnaudary. Louis GROC, Imprimeur-Lib.